NEW TESTAMENT PAPYRUS 𝔓47

NEW TESTAMENT PAPYRUS 𝔓47

A Transcription

edited by
Stratton L. Ladewig
Robert D. Marcello
Daniel B. Wallace

The Center for the Study of New Testament Manuscripts

HENDRICKSON ACADEMIC

an imprint of Hendrickson Publishing Group

New Testament Papyrus 𝔓47: A Transcription

Published by Hendrickson Academic
an imprint of Hendrickson Publishing Group
Hendrickson Publishers, LLC
P. O. Box 3473
Peabody, Massachusetts 01961-3473
www.hendricksonpublishinggroup.com

ISBN 978-1-68307-314-7

With many thanks to The Trustees at the Chester Beatty Library

Printed in China

First Printing — December 2020

Library of Congress Control Number: 2020938046

CONTENTS

Acknowledgments

The staff of CSNTM is indebted to the preeminent institutes in possession of the venerable biblical manuscripts from late antiquity that are presented in these volumes. Without Professor Larry Hurtado of the University of Edinburgh initiating contact between the CBL and CSNTM, this collaborative enterprise would have remained a chimera. His sudden passing in 2019 stunned NT textual critics and scholars of early Christianity alike. We are grateful for his enthusiastic recommendation of the Center to digitize the Library's papyri.

The CBL not only granted permission to CSNTM but gave the Center staff a secure, dedicated room to do our job. Thank you, Dr. Fionnuala Croke, Director of the CBL, especially for lending us, for weeks on end, uncommonly competent staff members who oversaw our labors: Frances Narkiewicz, Jill Unkel, and Sinéad Ward.

The Regents of the University of Michigan are here thanked for permission to digitize the leaves of 𝔓46 housed at the UM. Dr. Brendan Haug, Archivist of the Papyrology Collection, was particularly instrumental in enabling this project, working out the logistics on his end for the CSNTM staff to photograph these folios. We are also grateful to his associates, Shannon Zachary and Monica Tsuneishi, for their hands-on expertise.

We wish to thank Dr. Bernhard Palme, Director of the Department of Papyri and Papyrus Museum at the ONB, for providing CSNTM with the images of the fragments of 𝔓45 housed in Vienna.

Many others labored in various aspects of this publication. Chief among them are Robert D. Marcello, who led the expeditions to digitize the manuscripts both at the CBL and at the UM, and Stratton L. Ladewig, who was the primary editor of the transcriptions and the one responsible for the formatting of these volumes. Without the fastidious rigor in the digitization work and the scrupulous care post-factum, this set would never have found the printer's ink. Much more needs to be said about the labors of my colleagues, but as no words will do them justice this will have to suffice.

The digitizers of the collection are here acknowledged with approbation:

𝔓45 Robert D. Marcello, Peter J. Gurry, Dana Cooper, Daniel B. Wallace

𝔓46 Robert D. Marcello, Peter J. Gurry (CBL), Jacob W. Peterson (UM), Dana Cooper (CBL), Daniel B. Wallace

𝔓47 Robert D. Marcello, Peter J. Gurry, Dana Cooper, Daniel B. Wallace

The principal transcribers of 𝔓47 are credited as follows:

Peter Malik, Stratton L. Ladewig, Robert D. Marcello, Daniel B. Wallace

Many other transcribers worked on 𝔓47 and/or the other two papyri. Jacob Peterson in particular is to be singled out for his meticulous investigations of 𝔓45 and 𝔓46. Several CSNTM interns from 2014 to 2020 also did transcriptions of these papyri and helped with the often urgent and always mind-numbing task of checking the proofs.

Dr. Jeff Fish of Baylor University gave us invaluable advice on formatting transcriptions. Former intern Dr. Peter Gurry (now of Phoenix Seminary) is to be credited with the initial cleanup of the images in post-production.

Last in chronology but certainly not in industry is Hendrickson Publishers. We express our heartfelt gratitude for the vision of Paul Hendrickson and for the publishing house that bears his name, to Jonathan Kline for supervising the project, and to Phil Frank for his persistent and detailed communications as he perfected the layout. Their unwarranted forbearance of our many delays commands our deepest respect. Further, the extensive efforts of their coworkers Tina Donohue and Catherine DiPietro in preparing the images for publication added much value to the project.

With a production this extensive, many skilled laborers are left unsung. I alone bear the burden of forgetfulness. You know who you are, but a gentle reminder when we next cross paths will induce my profound appreciation.

Daniel B. Wallace
Executive Director
Center for the Study of New Testament Manuscripts

22 May 2020
Feast Day of Saint Rita of Cascia, Patroness of Impossible Causes

Introduction

Stratton L. Ladewig
with Robert D. Marcello and Daniel B. Wallace

This brief introduction surveys some of the pertinent data related to the transcription histories of 𝔓45, 𝔓46, and 𝔓47. A list of the symbols and abbreviations used in the transcriptions is followed up by a review of transcription-specific literature. The rationale for updated transcriptional work is explored next. Finally, we present the philosophy that lies behind the current 𝔓47 transcription and explain the method and formatting we have used.

Symbols[1]

α̣β̣γ̣	The letters are doubtful, either because of damage or because they are otherwise difficult to read
. . .	Approximately three letters remain unread by the editor[s]
[. . .]	Approximately three letters are lost
`αβγ´	The letters are added above the line
⟦αβγ⟧	The letters are deleted in the papyrus
→	horizontal fiber orientation
↓	vertical fiber orientation
θ̅c̅	combining overline—used to indicate a *nomen sacrum*, nu bar, or number
ϊ	diaeresis
l.	line
ʾ	apostrophe, used by 𝔓47's scribe between double letters, such as γγ or ττ

1. The first five symbols and their explanations listed here are reproduced from the POxy volumes published by the Egypt Exploration Society. The last six symbols and explanations in the list are our own.

Abbreviations

Aeg	*Aegyptus*
APF	*Archiv für Papyrusforschung und verwandte Gebiete*
CBL	Chester Beatty Library
CSNTM	Center for the Study of New Testament Manuscripts
f.	folio
Herm	*Hermathena*
JSNTSup	Journal for the Study of the New Testament Supplement Series
NTTSD	New Testament Tools, Studies, and Documents
NovTSup	Supplements to Novum Testamentum
NT	New Testament
ONB	Österreichische Nationalbibliothek
POxy	*The Oxyrhynchus Papyri*
UM	University of Michigan

Transcriptions Past and Present[2]

History of Transcriptions

In 1933–1934, Sir Frederic G. Kenyon, who had been the Director and Principal Librarian of the British Museum,[3] began publishing the *editio princeps* of Beatty's new collection in *The Chester Beatty Biblical Papyri: Descriptions and Texts of Twelve Manuscripts on Papyrus of the Greek Bible*. The first manuscript that he published, which he considered to be the one from the collection that had the greatest significance, was 𝔓45. It appeared in print shortly after Beatty made a public announcement, on 19 November 1931, of his recent acquisition. Kenyon sent the *General Introduction* to the printer on 26 December 1932, and the first volume appeared in July 1933.[4] In the latter year, Kenyon also published the *Text* of 𝔓45, with the *Plates* of 𝔓45 going to print in 1934.[5] The *Text* contained the transcriptions of each page, and the *Plates* consisted of photographic facsimiles.

2. This section is duplicated from the Introduction to the facsimile volumes in this set for the sake of convenience.

3. Frederic G. Kenyon, *General Introduction: With Twelve Plates*, fasc. 1 of *The Chester Beatty Biblical Papyri: Descriptions and Texts of Twelve Manuscripts on Papyrus of the Greek Bible* (London: Emery Walker, 1933), 3.

4. Charles Horton, "The Chester Beatty Biblical Papyri: A Find of Greatest Importance," in *The Earliest Gospels: The Origins and Transmission of the Earliest Christian Gospels—The Contribution of the Chester Beatty Gospel Codex P[45]*, ed. Charles Horton, JSNTSup 258 (New York: T&T Clark, 2004), 156, 156n24.

5. See Frederic G. Kenyon, *The Gospels and Acts: Text*, fasc. 2 of *The Chester Beatty Biblical Papyri: Descriptions and Texts of Twelve Manuscripts on Papyrus of the Greek Bible* (London: Emery Walker, 1933); Kenyon, *General Introduction*, 15; Kenyon, *The Gospels and Acts: Plates,* fasc. 2 of *The Chester Beatty Biblical Papyri: Descriptions and Texts of Twelve Manuscripts on Papyrus of the Greek Bible* (London: Emery Walker, 1934).

A brief bibliography that chronicles the publications of the text (i.e., transcriptions) of each of our papyri follows. They are listed in order according to manuscript and publication date.

General

Kenyon, Frederic G. *General Introduction: With Twelve Plates*. Fasciculus 1 of *The Chester Beatty Biblical Papyri: Descriptions and Texts of Twelve Manuscripts on Papyrus of the Greek Bible*. London: Emery Walker, 1933.

𝔓45

Kenyon, Frederic G. *The Gospels and Acts: Text*. Fasciculus 2 of *The Chester Beatty Biblical Papyri: Descriptions and Texts of Twelve Manuscripts on Papyrus of the Greek Bible*. London: Emery Walker, 1933.

Gerstinger, Hans. "Ein Fragment des Chester Beatty-Evangelienkodex in der Papyrussammlung der Nationalbibliothek in Wien (Pap. graec. Vindob. 31974)." *Aeg* 13, no. 1/2 (1933): 67–72.

Zuntz, Günther. "Reconstruction of One Leaf of the Chester Beatty Papyrus of the Gospels and Acts (P45): (Matth. 25, 41–26, 39)." *Chronique d'Égypte* 26, no. 51 (January 1951): 191–211.

Skeat, T. C., and B. C. McGing. "Notes on Chester Beatty Biblical Papyrus I (Gospels and Acts)." *Herm* 150 (Summer 1991): 21–25. Reprinted in *The Collected Biblical Writings of T.C. Skeat*, edited by J. K. Elliott, 135–40. NovTSup 113. Leiden: Brill, 2004.

Porter, Stanley E., and Wendy J. Porter, eds. *New Testament Greek Papyri and Parchments: New Editions: Texts*. Mitteilungen aus der Papyrussammlung der Österreichischen Nationalbibliothek 29. Berlin: de Gruyter, 2008.

𝔓46

Kenyon, Frederic G. *Pauline Epistles and Revelation: Text*. Fasciculus 3 of *The Chester Beatty Biblical Papyri: Descriptions and Texts of Twelve Manuscripts on Papyrus of the Greek Bible*. London: Emery Walker, 1934.

Sanders, Henry A., ed. *A Third-Century Papyrus Codex of the Epistles of Paul*. University of Michigan Studies: Humanistic Series 38. Ann Arbor: University of Michigan Press, 1935.

Kenyon, Frederic G. *Pauline Epistles: Text*. Fasciculus 3 supplement of *The Chester Beatty Biblical Papyri: Descriptions and Texts of Twelve Manuscripts on Papyrus of the Greek Bible*. London: Emery Walker, 1936.

𝔓47

Kenyon, Frederic G. *Pauline Epistles and Revelation: Text*. Fasciculus 3 of *The Chester Beatty Biblical Papyri: Descriptions and Texts of Twelve Manuscripts on Papyrus of the Greek Bible*. London: Emery Walker, 1934.

Malik, Peter. *P.Beatty III (𝔓^{47}): The Codex, Its Scribe, and Its Text*. NTTSD 52. Leiden: Brill, 2017.

Rationale for These Transcriptions

New Testament Papyri 𝔓45, 𝔓46, 𝔓47 was conceived to meet a need in the presentation of these manuscripts. For almost one hundred years, students of the text of the NT have benefited from Kenyon's images. His publication has subsequently been supplemented by others, among which are Hans Gerstinger's reconstruction and Günther Zuntz's photographing and reconstruction of the 𝔓45 fragment housed in Vienna, Henry Sanders' transcription of a portion of 𝔓46, and T. C. Skeat and B. C. McGing's publication of five additional fragments of 𝔓45.[6] Yet even with these offerings, there is a need for a new visual presentation. Kenyon admitted that his photographs were not as clear for the papyri as they would have been for vellum manuscripts due to the fragmentary nature of the papyri and the shadows created by their fibers.[7] With the development of digital photography, such issues are now in the past. CSNTM's imaging goal is for a manuscript to be easier to read from a digital picture than it is with the unaided eye—even for papyri.

The improved visual reproduction of the manuscripts paves the way for more precise transcriptions. Although scholars for close to a century have benefited from Kenyon's work, he has left room for improvement—not only in photography but also with regard to his transcriptions. Likely because his work on 𝔓45 was completed relatively quickly, Kenyon's transcription of that papyrus did not achieve the precision that he desired. Charles Horton's characterization of the situation discovered by C. H. Roberts expresses this clearly:

> Since then [the publication of Kenyon's *The Gospels and Acts: Text* in 1933], scholars have pored over every letter, word, and line in order to extract every grain of textual evidence that these rare books can yield and yet there are still new discoveries to be made. Colin Roberts reported that while examining P^{45} in Dublin in 1950, he "was astonished to find how many crumbs Kenyon had left for his successors. Not only were there a number of misreadings, some of them [were] of great importance for the text . . ." It is to be hoped that many of these crumbs will provide excitement for another generation of biblical students.[8]

There are two intriguing facts about the background of Roberts' statement and the

6. Full bibliographical information for each of these sources is listed at the end of the previous section. See also James R. Royse, *Scribal Habits in Early Greek New Testament Papyri*, NTTSD 36 (Leiden: Brill, 2008; repr., Atlanta: Society of Biblical Literature, 2010), 107.

7. Kenyon, *Gospels and Acts: Text*, xx.

8. Horton, "The Chester Beatty Biblical Papyri," 160.

planned outcome. First, Roberts was writing in support of a revision of Kenyon's transcription volume on 𝔓45. Second, a revision volume, authored by Hollis W. Huston, was approved by Beatty and produced. This revision was even mentioned in the plates volume that corresponds to the fifth and sixth fascicles of the set, but it was never published.[9] Additionally, as James Royse states, "unfortunately, Kenyon's notes are neither exhaustive nor entirely accurate, and his printed readings of the papyrus are occasionally in error."[10] Further, Bruce M. Metzger created a corrigenda list for Kenyon's 𝔓46 *Text* that he tucked into his personal copy of the volume. The double-sided typewritten list notes eighty-seven corrections.[11]

Better images are the foundation for more accurate transcriptions. Because the digital images can be magnified to bring clarity to uncertain ink patterns, the scholar viewing these images has a tremendous advantage. In addition, CSNTM's images were taken against both black and white backgrounds, which enhances the contrast of ink and background. While the white background's contrast is self-evident, the black background also shows contrast because the ink, although dark, is not black. The shade of ink against the black background reveals distinct ink patterns.

Transcription Procedure and Presentation

Philosophy

Transcription is not always a straightforward endeavor. Due to the ravages of time (fading ink, deteriorating papyrus, etc.), as well as the peculiar style of each scribe, a papyrus transcription project that would seem to be simple is anything but. Because of the difficulty and complexity of transcribing text from ancient papyri, a philosophy is necessary to guide the process and optimally produce consistent, reliable results.

Transcribing NT papyri is like catching a flounder by rod and reel. Just as the angler knows the flounder is below the surface and sometimes feels its distinctive bump but must exercise patience and skill to attain his or her goal, so papyrologists practice their craft. They know the text is there and strive to bring it to the surface. In places where the papyrus is defective, the practice of patience and acute observation are at a premium. A multitude of techniques are employed to acquire the text, and often the skilled transcriber gains a feel for a manuscript and its scribe. The transcriber is working from a generally known text, but much prowess is necessary to raise the text in questionable areas of the papyrus—to see the text that is there, using caution to avoid over-exuberant letter identification.

9. *Numbers and Deuteronomy: Plates; Isaiah, Jeremiah, Ecclesiasticus: Plates*, fasc. 5, 6 of *The Chester Beatty Biblical Papyri: Descriptions and Texts of Twelve Manuscripts on Papyrus of the Greek Bible* (Dublin: Hodges Figgis, 1958), preface; Horton, "The Chester Beatty Biblical Papyri," 160n37.

10. Royse, *Scribal Habits*, 107.

11. Daniel B. Wallace purchased a copy of Kenyon's fasc. 3 supplement of *The Chester Beatty Biblical Papyri: Descriptions and Texts of Twelve Manuscripts on Papyrus of the Greek Bible* that once belonged to Metzger. Inside the volume was Metzger's list.

Our transcribers have generally reproduced the text that was written on the manuscript by the scribe. In places where the text is clear, the job was relatively clear-cut. However, many times the papyrus has deteriorated severely—even when housed in pristine conditions. In those places, the skilled transcriber needed to use any contextual clues available to bring out the text. Below are some of the philosophical guidelines employed by the committee during final transcription.

> If a partial letter was visible in the middle of a word that was expected, then the benefit of the doubt was given to the scribe. In other words, if the ink that was visible was consistent with the expected letter, then it was assumed that the scribe did not make a spelling error. The letter was transcribed without an underdot. The fact that we are working with a generally known text and the fact that the interior of the word is in question increase the level of certainty assigned to the letter.
>
> If a partial letter was visible at the beginning or end of a word—especially in a word that was cut off—then the letter was transcribed with an underdot as long as the ink was consistent with the letter that was anticipated from the known text. So, at times, the same amount of visible ink would yield different results (i.e., with or without an underdot), depending upon the circumstances.
>
> Whenever a lacuna presented itself, the committee was meticulous at digitally measuring spaces for letters. Thus, even in places where there was no text, the dots included inside of brackets to approximate the letters that would have been there were carefully determined—whenever estimation was possible. Not infrequently, it was found that Kenyon's reconstruction from the expected text could not have been accurate due to spacing considerations. There were times when the reconstructed text in lacunae could not reasonably be estimated; in those places, dots without spaces were used to indicate an approximate number of letters without indicating word divisions.
>
> The committee often wrestled with itacisms, spelling differences/patterns, and known textual variants in order to identify the text.
>
> The scribe's tendencies were also considered when making decisions on unclear letters. 𝔓45's scribe tended to be consistent and reliable. 𝔓47's scribe regularly skipped a word when the following word began with the same letter. A correction usually ensued. Clues such as these were included in the committee's repertoire.

There is an inescapably subjective element to transcribing difficult portions of papyri. The committee weighed the above-mentioned principles. At various times, similar amounts of ink may produce differing results: clear letter, letter with an underdot, or simply a dot to represent ink. Such decisions, although somewhat subjective, are not baseless. They were grounded in experience and in the contextual traces that were occasionally hidden in plain sight.

Method and Format

The final transcriptions are the product of a painstaking process. The work of the editorial team, Stratton L. Ladewig, Robert D. Marcello, and Daniel B. Wallace, was preceded by that of others. A principal transcriber as well as other well-qualified scholars transcribed each page of 𝔓45, 𝔓46, and 𝔓47.[12] Numerous secondary transcribers—sometimes as many as four others—independently produced transcriptions of assigned pages. Subsequently, multiple levels of transcription comparisons were compiled to isolate differing results: each transcription was compared against that of the secondary scholars' work, against that of the principal transcription, and against Kenyon's text. The editors produced their own, final transcriptions, incorporating data from those transcriptions and comparisons. Transcribing is a tedious process that is accomplished letter by letter while reading ink patterns on papyrus that have both deteriorated. The probability of transcription accuracy increased when the outcomes of independent scholars produced identical results. The editors gave extra attention to letters where there was disagreement among the transcribers. The end product is the result of the editorial committee's combined efforts, and the final responsibility for that outcome is theirs to bear. Yet they are indebted to those who laid a solid foundation on which to build.

The transcriptions in this project benefited from the fact that the images of the papyri were taken with high-resolution digital equipment, enabling the images to be magnified. Thus, the ink could be evaluated in detail—even more than can be observed in the printed images in this set. The committee routinely magnified images to see the state of the papyrus and ink patterns. It was also often necessary for the committee to view representative letters in order to verify that the ink pattern in question corresponded to a letter written in the scribe's style. Enlarging the image and observing a compiled list of representative letters allowed the transcribers to identify much that would otherwise not have been possible to see.

One thing that cannot be overstated that assisted in producing accurate transcriptions is the fact that the final editorial step was done in committee. Not infrequently, one of the team members would make an observation about the identity of a letter that the other two were simply not seeing. After careful measurements and detailed explanations were laid out, the other two also saw and affirmed the letter identification. It was as if the letter, which was not seen at first by the others, raised itself off the page, making itself clear. Such positive letter identification would have been impossible if left solely to the efforts of a single transcriber. Frequently, a split decision arose among the editors. Many hours of intense dialogue stand behind the transcriptions in this set. Committee collaboration significantly improved the results and made the process a joy—though a tedious joy.

Below is an explanation of some of the formatting elements that will be seen in the transcriptions.

---

12. Peter Malik generously allowed the editors to use his fine work as the principal transcription of 𝔓47.

> The Leiden Conventions were followed for formatting the transcriptions.[13]
>
> The spacing at the beginning of a line approximates the spacing in the manuscript. When a line is defective, the left of the line was indented to preserve a modicum of semblance to the actual artifact. However, because the font used for the letters does not correspond precisely to the scribes' handwriting, the rest of the line and right margin do not usually reflect the physical appearance of a particular page.
>
> When dots are used for either an unidentified letter or a lacuna, the number is estimated. Internal lacunae are placed within brackets. When dots are used in these circumstances, the spaces between words are often estimated as well. However, when it was impossible for the editors to deduce word breaks (e.g., when an entire line is composed of dots), spaces were omitted.
>
> A verse reference is placed on the right side of the line on which that verse begins.
>
> A row of high dots at the beginning or end of a folio indicates that the first or last line of the leaf is lacunose.
>
> For a supralinear correction, the letter(s) are surrounded by prime and reversed prime characters. For text from a corrector that is written intra-linearly, no special formatting is used. Rather, a note is included to indicate the letter(s) that are corrections while placing the text that was deleted by the corrector in double brackets, if such exists.
>
> The editorial committee did not identify the specific hands of correctors. In this way, readers are afforded the opportunity to make these decisions for themselves.

CSNTM's manuscript library is an ever-growing repository. In addition to exhibiting the manuscripts that the Center digitizes, it also displays those that are acquired from other institutions when rights are granted. To see the collection, visit http://www.csntm.org/Manuscript.

13. See B. A. Van Groningen, "Project d'unification des systèmes de signes critiques," *Chronique d'Égypte* 7, no. 13–14 (January 1932): 262–69.

𝔓47

. . . .

]. . [9.10
]νδρ̣α̣ κ̣[. .] εν ταις ουρ[. .].
]. ε̣ξουσια αυτων̣ αδικησαι τους
]. θρωπους μηνας ε̅ εχουσιν επ αυ- 9.11
τ̣ων βασιλεα τον αγʼγελον της αβυϲ-
ϲου ω ονομα εβραειϲτι βατʼτων και
εν τη ελληνικη εχ⟦ο⟧ει ονομα απολ-
λυων ουαι η μια απηλθεν ειδου ερχε- 9.12
ται ετι δυο ουαι μετα ταυτα ο ϲ̅ αγʼγε- 9.13
λος εσαλπισεν και ηκουσα φωνην μι-
αν εκ των κερατων του θυσιαστηρι-
ου του χρυσου του ενωπιον του θ̅υ̅
λεγουσαν τω ϲ̅ αγʼγελω ⟦ε⟧ο εχων την 9.14
σαλπιγʼγαν λυσον τους αγʼγελους
τους δεδεμενους επι του ποταμου
του μεγαλου ευφρατου και ελυθη- 9.15
σαν οι δ̅ αγʼγελοι οι ητοιμασμενοι
εις την ωραν και ημεραν και μηνα̣
και ενιαυτον ϊνα αποκτεινωσιν
το γ̅ των α̅θ̅ν̅ και ο αριθμος των 9.16
στρατευματων του ιππικου δυ[
μυριαδες μυριαδων ηκουσα̣ . . [
αριθμον αυτων και ουτ̣[9.17
τους ιππους εν τη ορασει α[
τους καθημενους επαν̣ . [
. [.]χοντας θωρακας πυρι[

7 The second epsilon of εχει is superimposed over an omicron.

13 The omicron before εχων is superimposed over an epsilon.

. . . .

κ̣αι εκ τ̣ . ν cτ̣ . [.] . των α . . [9.17
εται πυρ και καπνοc και θειο . [9.18
των γ̅ πληγων απεκτανθη τ . [
των α̅θ̅ν̅ εκ του πυροc και εκ του κ̣[
πν̣ου και εκ το̣υ θειου του εκπορευο-
μ̣ενου εκ των cτοματων ην γαρ η 9.19
εξουcια των ιπ̣πων εν τω cτοματι αυ-
. ων εcτιν και . . ταιc ουραιc αυτων αι
γαρ ουραι αυτων ομοιαι οφεcιν εχουcαι
κεφαλαc και εν αυταιc αδικουcιν και 9.20
οι λοιποι των α̅θ̅ν̅ οι ουκ απεκτανθη-
cαν εν ταιc πληγεc αυτων ταυταιc
ουδε μετενοηcαν εκ των εργων
των χειρων αυτων ϊνα μη προcκυ-
νηcουcιν τα δαιμονια τα χρυcεα
και τα αργυρεα και τα χαλκ`ε´α και τα
λιθινα και ξυλινα α ουτε βλεπειν δυ-
ναται ουτε ακουειν ουτε περιπα-
τ̣ειν και ου μετενοηcαν εκ των φο- 9.21
ν̣ω̣ν αυτων ουτε εκ των φαρμακω̅
. [.]τ̣ων ουτε εκ τηc πορνειαc αυ-
] . και ϊδον αλλον αγ᾽γελον ϊcχυ- 10.1
] . α̣ταβαινοντα εκ του ουρανου
]ενον νεφελην και η
]η̣c̣ κ̣ε̣φαληc αυτου και το

. . . .

]. . . . [10.1–2
]. τ. . β̣ι̣[. . . .]ν ηνεωγμ̣[. . .]ν̣
]θ̣η̣κεν τον ποδα αυτου τον δεξι-
]ν επι της θαλαςςης τον δε ευωνυ-
μον επι της γης και εκραξεν φωνη 10.3
μεγαλη ωςπερ λεων μυχαται και ο-
τε εκραξεν ελαληςαν αι βρονται ταc̣
εαυτων φωνας και ηκουςα οςα ελαλη- 10.4
ςαν αι βρονται και ημελλον αυτα γρα-
φειν και ηκουςα φωνης εκ του ουρα-
νου λεγουςης cφραγιςον οςα ελαλη-
ςαν αι ˋζʹ βρονται και μη αυτας γραψης
και ο αγʼγελος ον ειδον εςτωτα επι της 10.5
θαλαςςης και επι της γης ηρεν την
χειραν αυτου την δεξιαν εις τον
ουρανον και ωμοςεν τω ζωντι εις 10.6
τους αιωνας των αιωνων ος εκτ. c.
τον ουρανον και τα εν αυτω και .[
γην και τα εν αυτη και την θαλα̣[
ςαν και τα εν αυτη οτι ⟦ε̣⟧χρονος ου̣[
τι εςται αλλ εν ταις ημεραις τη̣[10.7
νης του αγʼγελου του ζ̄ οταν .[
λει ςαλπιζειν και ετελεςθ. [
ςτηριον του θ̅υ̅ ως ευηγʼγ[
τους εαυτου δουλους κα̣[
προφητας και φωνη [10.8

20 The chi of χρονoc is superimposed over an epsilon.

. . . .

]ον το ανεω[..]ενον εν̣ .[10.8
αγ'γελου του εστωτος επι της̣ ..[
σης̣ και επι της γης και απηλθα .[10.9
τον αγ'γελον λεγων αυτω δουναι .[
το βιβλιον και λεγει μοι λαβε αυτο και
καταφαγε και πικρανει σου την κοι-
λιαν αλλ εν τω στοματι σου εσται γλυ-
κυ ως μελι και ελαβον το βιβλιδιον ε- 10.10
κ της χειρος του αγ'γελου και κατε-
φαγον αυτο και ην εν τω στοματι
μου ως μελι γλυκυ και οτε εφαγον
αυτο επικρανθη η κοιλια μου και 10.11
λεγουσιν μοι δει σαι παλιν προφητευ-
σαι επι λαοις και εθνεσιν και γλωσσαις
κ̣αι βασιλευσις πολλοις και εδοθη μοι 11.1
]α̣λαμονος ραβδω λεγων εγειρε
κ̣αι μετρησον τον ναον του θ̅υ̅ και
τ̣ο θυσιαστηριον και τους προσκυ-
νουντας εν αυτω και την εξωθε̅ 11.2
]ο̣υ ναου εκβαλε εξω και μη αυ-
]η̣ν̣ μετρησης οτι εδοθη και τοις
]εσιν και την πολιν την αγιαν
]σουσιν μηνας ⟦c⟧μ̅β̅ και δω- 11.3
]̅. μαρτυσιν μου και προ-

23 The mu of μ̅β̅ is superimposed over the sigma.

. . . .

]̣[̣ ̣]̣ ̣ ̣ ̣ ̣ ̣[11.4
] ̣ ̣ι τις αυτους θ ̣λησει αδικησαι 11.5
]ρ̣ εκπορευεται εκ του στοματος
α̣υ̣των και κατεσθειει τους εχθρους αυ-
των και ει τις θελησει αδικησαι αυτους
ουτως δει αυτον αποκτανθηναι ουτοι 11.6
εχουσιν την εξουσιαν κλεισαι τον ουρα-
νον ϊνα μη ϋετος βρεχη τας ημερας
της προφητιας αυτων και εχουσιν ε-
ξουσιαν επι των ϋδατων στρεφειν
αυτα εις αιμα και παταξαι την γην
πας⟦α⟧η πληγη οσακις εαν θελωσιν και
οταν τελωσιν την μαρτυριαν αυ⟦ ̣⟧ 11.7
των τοτε το θηριον το αναβαινον ε-
κ της αβυσσου ποιησει πολεμον μ̣[
τ αυτων και νεικης ̣ ̣ αυτους και α̣-
ποκτενει αυτους και τα πτωματα̣ 11.8
αυτων επι της πλατειας της πολε̣-
ως της μεγαλης ητις καλε[̣]τα[
πνευματικως σοδομα και αιγ ̣-
πτος οπου ο $\overline{\text{κc}}$ $\overline{\text{εcτρω}}$ κα[̣ ̣]λ̣ε̣- 11.9
πουσιν εκ των λαων και̣ [
και γλωσσων και εθνων ̣[
μα αυτων ημερας $\overline{\gamma}$ και̣[
και τα πτωματα α[̣]τ̣[

12 The eta of παcη is superimposed over an alpha.

13 The scribe appears to have begun writing something at the end of the line but then crossed it out.

. . . .

] ̣[11.10
γηϲ χαιρουϲιν επ̣ α̣ ̣ ̣[
ευφραινονται και δωρα π̣[
ϲιν αλληλοιϲ οτι οι προφητα[
οι ι̣̅β̣̅ εβαϲανιϲαν ⟦αυ̣⟧τουϲ κα-
τοικου̣νταϲ επι τηϲ γηϲ και 11.11
μετα ταϲ τριϲ ημεραϲ ημιϲυ
π̅ν̅α̅ ζωηϲ εκ του θ̅υ̅ ειϲηλθε̅
ειϲ αυτουϲ και εϲτηϲαν επι του`ϲ´
ποδαϲ αυτων και φοβοϲ μεγαϲ
επεϲεν επι τουϲ θεωρουντα`ϲ´
αυτουϲ και ηκουϲα φωνηϲ με- 11.12
γαληϲ εκ του ουρανου λεγουϲηϲ
αυτοιϲ αναβατε ωδε και ανεβη-
]αν ειϲ τον ουρανον εν τη νεφε-
]η και εμετρηϲαν αυτουϲ οι
 ̣ ̣ ε̣χθροι αυτων και εν αυτη 11.13
] ω̣ρ̣α εγενετο ϲει̣ϲμοϲ με-
] κ̣αι το δεκατο̣ν τηϲ πο-
]ϲ̣ επεϲεν και απ̣ε̣κταν-
] ̣ν εν τω ϲειϲμω ονομα-
] ̣ρωπων [[ζ̣]] χειλιαδεϲ ζ̅

9 The sigma, which is the final letter of the line and written above the upsilon, does not appear to be a correction.

11 The sigma, which is the final letter of the line and written above the alpha, does not appear to be a correction.

22 The chi of χειλιαδεϲ is superimposed over a zeta.

. . . .

] το ̣ ο̣[11.13
]ευτε̣ρα απ̣[̣] ̣θεν ειδου ερχε- 11.14
] ̣ ουαι η τριτη ταχυ και ο ζ̅ αγʼγελοϲ 11.15
ε̣ϲαλπιϲεν και εγενοντο φωναι με-
γαλαι εν τω ουρανω λεγουϲαι εγενετο
η βαϲιλεια του κοϲμου του κ̅υ̅ ημων και
του χ̅υ̅ αυτου και βαϲιλευϲει ειϲ τουϲ αι-
ωναϲ των αιωνων και οι κ̅δ̅ πρεϲβυτε- 11.16
ροι ενωπιον του θ̅υ̅ καθηνται επεϲαν
επι τα προϲωπα αυτων και προϲε-
κυνηϲαν τω θ̅ω̅ λεγοντεϲ ευχαρι- 11.17
ϲτουμεν ϲοι ο ⟦θ⟧κ̅ϲ̅ ο θ̅ϲ̅ ο θ̅ϲ̅ ο παντοκρα-
τωρ ο ων και ο ην και οτι ειληφαϲ την
δυναμιν ϲου την μενουϲαν και ε-
βαϲιλευϲαϲ και τα εθνη οργιϲθη κα̣ ̣ 11.18
ηλθεν η οργη ϲου και καιροϲ τ⟦ ̣⟧ων ν̣ ̣
κρων κριθηναι και δουναι τον ̣[
ϲθον τοιϲ δουλοιϲ ϲου τοιϲ προφη̣[
και τοιϲ αγιοιϲ και τουϲ φοβο̣υμε̣ν̣[
το ονομα ϲου τουϲ μεικρ⟦ν̣⟧`ο´υϲ κα̣[
τουϲ μεγαλουϲ και διαφθειραι [
διαφθειρονταϲ την γην [11.19
νοι̣γη ο ναοϲ του θ̅υ̅ εν τ ̣ ο[
και ωφθη η κιβωτοϲ τη̣ϲ̣ δ[
κ ̣ϲ του κ̅υ̅ εν τω̣ ν̣ ̣[

12 The kappa of κ̅ϲ̅ is superimposed over a theta.

16 The omega of των is superimposed over an unidentified letter or partial letter.

. . . .

]. . .α̣ι̣ .[11.19
μεγαλη και cη̣μ̣ειον μεγ[12.1
εν τω ουρανω γυνη περιβε̣[
νη τον ηλιον και η cεληνη υ[
τω των ποδων αυτηc και επι τ̣η̣[
κεφαληc αυτηc cτεφανοc αcτε̣-
ρων ι̅β̅ και εν γαc`τ´τρι εχουcαν και κρα- 12.2
δει ωδεινουcα ⟦κ̣⟧`κ´αι βαcανιζομενη
τεκειν και ωφθη αλλο cημειον εν τω 12.3
ουρανω και ϊδου δρακων πυρροc με-
γαc εχων κεφαλαc ζ̅ και κερατα ι̅ και
επι ταc κεφαλαc ζ̅ διαδηματα
και η ουρα αυτου cυρει το τριτ`ο´ον τ⟦ο̣⟧`ω´η̣ν 12.4
αcτερων του ουρανου και εβαλλεν
αυτουc ειc̣ τ̣ην γην και ο δρακων
]c̣τηκεν̣ ενωπιον τηc γυναικοc̣
]η̣c μελλουcηc τεκειν ϊνα οταν
]ε̣κη το τεκνον αυτηc καταφα⟦γ⟧`γ´η
] ε̣τεκεν ϋϊον αρρενα οc μελλει 12.5
]. .[.]αινειν παντα τα ε̣θνη εν ρα-
] c̣ιδηρα και ηρπαcθη το τε-
].[. .] α̣υ̣τ̣η̣c προc τον θ̅ν̅ και
]ον θρονον αυτου και η γυ̣- 12.6
]. ε̣ι̣c την ερη⟦μ̣⟧`μ´ο̣. [

* Most letters on this page have been retraced, which explains the correction of a kappa to a kappa on l. 8, gamma to gamma on l. 18, and mu to mu on l. 24. Line 7 (tau to tau) and l. 13 (omicron to omicron) are similar except that the scribe did not cross out the first letter. See Peter Malik's article "A Fresh Look at P.Beatty III (𝔓47): Towards an Integrative Study of an Early Christian Code," *APF* 62, no. 1 (2016): 67–77.

13 It appears that an eta was inexplicably added under the crossed-out omicron.

. . . .

] . [. . .] . ρεφω̣[.] . [12.6
]μεραϲ αϲξ̅ και εγενε- 12.7
]ολεμοϲ εν τω ουρανω ο μιχα-
] και οι αγʼγελοι αυτου πολεμη-
ϲαι μετα του δρακοντοϲ και ο δρα-
κων επολεμηϲεν και οι αγʼγελοι αυ-
του και ουκ ιϲχυϲαν ουδε τοποϲ αυ- 12.8
τ̣ων ευρεθη εν τω ουρανω και ε- 12.9
βληθη ο δρακων ο οφειϲ ο μεγαϲ
ο καλουμενοϲ διαβολοϲ και ϲατα-
ναϲ ο πλανων την οικουμενην
ολην εβληθη ειϲ την γην και
οι αγʼγελοι μετ αυτου εβληθηϲα̅
και ηκουϲα φωνην μεγαλην εν 12.10
τω ουρανω λεγουϲαν αρτι εγε-
νετο η ϲωτηρια και η̣ δυναμιϲ
και η βαϲιλεια του θ̅υ̅ ημων και [
ϲωτηρια του χ̅υ̅ αυτου οτι εβλη̣-
θη ο κατηγοροϲ των αδελφων η̣-
μων ο κατηγορων αυτουϲ ενω[
ον του θ̅υ̅ ημων ημεραϲ και̣[
κτοϲ και αυτοι ενικηϲαν αυ . [12.11
δια το αιμα του αρνιου και̣ . [
λογον τηϲ μαρτυριαϲ α[
και ουκ ηγαπηϲαν τη[
α̣υτων αθρι θα̣ . . [12.12

. . . .

θ̣ . . αccη οτι κ̣ . [. .] . [.] . δ̣ι̣ . . [12.12
υμαc εχων θυμον μεγαν [
οτι ολιγον καιρον εχει και οτε ει̣[12.13
ο δρακων οτι εβληθη ειc την γη̣ν̣
απηλθεν εκδιωξαι την γυναικαν
ητιc ετεκεν τον αρρενα και εδοθη 12.14
τη γυναικι δυο πτερυγαc του αε-
του του μεγαλου ϊνα πετητε ειc
την ερημον ειc τον τοπον αυτηc
οπου τρεφεται εκει καιρον και και-
ρου και ημιcου καιρου απο προcω-
που του οφεωc και εβαλεν ο οφιc α- 12.15
πο του cτοματοc αυτου οπιcω τηc
γυναικοc ϋδωρ ωc ποταμον ϊνα
αυτην ποταμοφορητον ποιηcη
και εβοηθηcεν η γη τη⟦ν⟧ \`γ´υναικι και 12.16
ηνοιξεν το cτομα τηc και κατεπι-
]ν τον ποταμον ον εβαλεν ο δρα-
κων απο του cτοματοc αυτου
και ωργιcθη ο δρακων τη γυναι- 12.17
] και απηλθεν ποιηcαι πολεμο̄
]ετα των λοιπων του cπερμα-
] α̣υτηc των τηρουντων ταc̣
]λ̣αc του θυ̅ και εχοντων̣
] μ̣αρτυριαν ιυ̅ και εcταθη 12.18
] . αμμον τηc θαλαccηc
] ε̣κ̣ τ̣η̣[.] θαλαccηc θηρι̣- 13.1

. . . .

]ọυ ονομα βλαςφημειας και 13.1–2
]ηριον ο ειδον ομοιον παρδαλει
] οι ποδες αυτου ως αρκου και το
ϲ̣τομα αυτου ως στομα λεοντος και
εδωκεν αυτω ο δρακων την δυναμιν
αυτου και τον θρονον αυτου και εξου-
σιαν μεγαλην και μιαν εκ των κε- 13.3
φαλων αυτου ως εσφαγμενην εις
. ανατον και η πληγη του θανατου
α̣υτου εθ⟦α⟧εραπευθη και εθαυμα-
. θ̣η ολη η γη οπισω του θηριου και 13.4
προσεκυνησεν τω δρακοντι οτι
εδωκεν την εξουσιαν τω θηριω
και τις δυναται πολεμησαι με-
τ̣ αυτου και εδο⟦η α⟧θη αυτω ⟦λ̣⟧στομα λα- 13.5
λουν τα μεγαλα και βλασφημιας
και εδοθη αυτω εξουσια ποιησαι
μηνας $\overline{\mu\beta}$ και η⟦λ⟧νοιξεν το στομα 13.6
αυτου βλασφημησαι προς τον $\overline{\theta\nu}$
βλασφημησαι το ονομα αυτου κ . [
την σκηνην αυτου εν τω ουρα-
νω και εδοθη αυτω εξουσια επι̣[13.7
σαν φυλην και γλωσσαν και ε̣θ̣ . [
]αι προσκυνησουσιν αυτο . . [13.8
τ̣ες οι κατοικουντες επι τ̣[
. ης ων ου γεγραπ⟦υ⟧ται τα . [
]α αυτων εν τη βιβλ̣ . . [

10 The second epsilon of εθεραπευθη is superimposed over an alpha.

15 The theta and eta of εδοθη are superimposed over an eta and an alpha. The sigma of στομα is superimposed over a lambda.

18 The first nu of ηνοιξεν is superimposed over a lambda.

26 The tau of γεγραπται is superimposed over an upsilon.

. . . .

κ̣ο̣ . cατω . ι̣ . . c [. . .] . ι̣ . . [13.9–10
παγει ει τις εν μαχαιρη α . [
δει αυτον εν μαχαιρη αποκτ[
ναι ωδε εστιν η υπομονη και̣[
στις των αγιων και ειδον αλλο θ̣ . - 13.11
ριον αναβαινων εκ της γης και ει-
χεν κερατα β̅ ομοιω αρνιω και λα-
λει ως δρακων και την εξουσιαν 13.12
του πρωτου θηριου πασαν ποιει ε-
νωπιον αυτου και ποιει την γη̣ν
και τους εν αυτη κατοικουντας ϊ-
να προσκυνησουσιν το θηριον̣ το
πρωτον ου εθεραπευθη η πληγη
του θανατου αυτου και ποιει σημει- 13.13
α μεγαλα ϊνα και πυρ ποιηση ε-
κ του ουρανου καταβηναι επι τη̅
γην ενωπιον των ανθρωπων
και πλανα τους κατοικουντας 13.14
επι της γης δια τα σημεια α εδο-
θη αυτω ποιησαι ενωπιον του θη-
ριου λεγων τοις κατοικουσιν επι της
γης ποιησαι εϊκονα τω θηρι̣ω̣
ος εχει την πληγην της μαχα[
. . c και ζησας και εδοθη αυτω δου- 13.15
]ι̣ π̅ν̅α̅ τη εικονι του πο[.]η[
]αν μη προς⟦ψ̣⟧κυνησωσιν . [
] . . ο̣υ θηριο⟦α̣⟧υ αποκτανθ̣[

22 The epsilon is a scribal insertion.

26 The kappa of προσκυνησωσιν is superimposed over a psi.

27 The upsilon of θηριου is superimposed over an alpha.

. . . .

].[. . . .]αι̣ [. . .]λ̣.[. . .]. .[13.16
]οιϲ χαρ.γμα⟦τα⟧ επι τηϲ χειροϲ
].ν̣ τηϲ δεξιαϲ η επι των μετωπω̅
]ων και ϊνα μη τιϲ δυνηται αγορα- 13.17
ϲαι̣ η πωληϲαι ει μη ο εχων το χαραγμα
η το ονομα του θηριου η τον αριθμον
του ονοματοϲ αυτου ωδε η ϲοφια εϲτιν 13.18
ο εχων ουν ψηφιϲατω τον αριθμον του
θηριου αριθμοϲ γαρ ανθρωπου εϲτιν
εϲτιν δε χ̅ξ̅ϲ̅ και ειδον και ειδου αρ- 14.1
νιον εϲτωϲ επι το οροϲ ϲειων και με-
τ αυτου ρ̅μ̅δ̅ χειλιαδεϲ εχουϲαι το ονο-
μα αυτου και το ονομα του π̅ρ̅ϲ̅ αυτου
γεγραμμενον επι των μετωπων
αυτων και ηκουϲα φωνην ωϲ εκ του 14.2
ουρανου ωϲ φωνην ϋδατων πολλω̅
και ωϲ φωνην βροντηϲ μεγαληϲ και
φωνην ηκουϲα ωϲ φωνην κιθαρ̣[
δων κιθαριζοντων εν ταιϲ κιθα[
αυτων και αδ⟦ω⟧ουϲιν ωδην καιν[14.3
ενωπιον του θρονου και ενωπι.[
]ων δ̅ ζωων και των πρεϲ[
ρων και ουδειϲ εδυνατο μαθ̣ε̣[
την ωδην ει μη αι ρ̅μ̅δ̅ χει̣.[
οι ηγοραϲμενοι απο τηϲ γη[.] .[14.4
ϲιν οι μη μετα γυναικω. [
λυνθηϲαν παρθενοι γαρ [

20 The omicron and upsilon of αδουϲιν are superimposed over an omega.

. . . .

ϲθηϲαν απο των̣ [̣]νθρω[14.4
π αρχηϲ τω θ̅ω̅ και τω αρνι ̣[14.5
τω ϲτοματι αυτων ουχ ευρεθη̣ [
δοϲ αμωμοι γαρ ειϲιν και ειδον [14.6
γελον πετομενο̣ν εν μεϲο⟦ρ̣⟧υρα̣νη-
ματι εχοντα ευαγʼγελιον αιωνιον
ευαγʼγελιϲαϲθαι επι τουϲ καθημε-
νουϲ επι τηϲ γηϲ και επι παν εθνοϲ
και φυλων και γλωϲϲων και λαον
λεγοντα εν φωνη μεγαλη φοβηθη- 14.7
τε τον θ̅ν̅ και δοξαϲατε αυτον δοξα̅
οτι ηλθεν η ωρα τηϲ κριϲεωϲ αυτου
και προϲκυνηϲατε τω ποιηϲαντι τον
ουρανον και την γην και την θαλαϲ-
ϲαν και πηγαϲ υδατων και αλλοϲ β̅ 14.8
ηκολουθει λεγων επεϲεν επεϲεν
βαβυλων η μεγαλη εκ του οινου του
 ̣υμου τηϲ πορνειαϲ αυτηϲ πεπτω-
κ̣αν παντα τα εθνη και αλλοϲ αγʼγελοϲ 14.9
 ̣ρ̣ι̣τοϲ ηκολουθηϲεν αυτοιϲ λεγων
] ̣ φωνη μεγαλη ει τιϲ προκυνει το
 ̣η̣ριον και την εικονα αυτου και
]μβανει χαραγμα επι του με-
] ̣ ̣π̣ου αυτου η επι τηϲ χειρο ̣
] ̣ ̣ και αυτοϲ πιεται εκ τ ̣υ̣ 14.10
]υ̣ θ̣υ̣μου του θ̅υ̅ ⟦μ⟧`τ´ου κε-

5 The upsilon of μεϲουρα̣νη- is superimposed over a rho.

. . . .

].[14.10
]ρ̣ι̣ και .[.]ι̣ω ενω̣πιον .[.]γ.λ̣[
] και ενωπιον του αρνιου και ο κα- 14.11
] του βασανισμου αυτων εισ αιωνας
αι̣.νων αναβαινει και ουκ εχουσιν α-
ναπαυσιν ημερας και νυκτος οι προσ-
κυνουντ⟦α⟧ες το θηριον και την εικονα
αυτου και ει τις λαμβανει το χαραγμα
του ονοματος αυτου ωδε εστιν η υ- 14.12
πομονη των αγιων οι τηρουντες τας
εντολας του $\overline{\theta\upsilon}$ και την πιστιν $\overline{\iota\upsilon}$ και 14.13
ηκουσα φωνης εκ του ουρανου λεγου-
σης γραψον μακαριοι οι νεκροι εν $\overline{\kappa\omega}$
απο⟦.⟧θνησκοντες απ αρτι λεγει το $\overline{\pi\nu\alpha}$
οτι αναπαησονται εκ των κοπων
αυτων τα γαρ εργα αυτων ακολουθει
μετ αυτων και ειδον και ειδου νεφε- 14.14
λη λευκη και ο επι την νεφελην κα-
θημενος ομοιον υιω ανθρωπου ε-
χοντα επι της κεφαλης αυτου στ.-
φανον χρυσουν και εν τη χειρι αυ-
του δραπανον οξυ και αλλος αγ- 14.15
γελος ⟦σ⟧ε⟦ζ⟧ξηλθεν εκ του ναου α[
κραζων φωνη μεγαλη τω κα̣[
μενω επι της νεφελης πεμ⟦.⟧ψ[
δραπανον σου και θερισο. . .[
ξηλθεν ο θερισμος οτι .[

7 The epsilon of κυνουντες is superimposed over an alpha.

14 The theta of αποθνησκοντες is superimposed over an unidentified partial letter.

23 The first epsilon of εξηλθεν is superimposed over a sigma. The xi of εξηλθεν is superimposed over a zeta.

25 The psi of πεμψ is superimposed over an unidentified letter or partial letter.

. . . .

]φ̣ε̣λ[.]ϲ̣ το δραπαν[..] .[14.16
και εθεριϲ̣̣θη̣ η γη̣ και α[.]λ̣οϲ αγ᾽γ[14.17
θεν εκ του ναου αυτου εν τω ουρα[
και αυτοϲ δραπανον οξυ και αλλοϲ α[14.18
εκ του θυϲιαϲτηριου εχων εξουϲια̣ν̣ ε̣-
πι του πυροϲ και εφωνηϲεν κραυη με-
γαλη τω εχοντι το δραπανον το οξυ λεγων
πεμψον ϲου το δραπανον το οξυ και τρυ-
γηϲον τουϲ βοτρυαϲ τηϲ αμπελου τηϲ
γηϲ οτι ηκμαϲαν αι ϲταφυλαι αυτηϲ
και εβαλεν ο αγ᾽γελοϲ το δραπανον αυτου 14.19
επι την γην και ετρυγηϲεν την αμπελο̅
τηϲ γηϲ και εβαλεν ειϲ την ληνον του θυ-
μου του θ̅υ̅ του μεγαλου και επατηθη η 14.20
ληνοϲ εξωθεν τηϲ πολεωϲ και εξηλθε̅
αιμα εκ τηϲ ληνου μεχρι των χαλινω̅
των ιππων απο ϲταδιων χειλιων εξα-
κοϲιων και ειδον αλλο ϲημειον εν τω ου- 15.1
ρ̣ανω μεγα και θαυμαϲτον αγ᾽γελουϲ
]τ̣τ̣α εχονταϲ πληγαϲ ζ̅ ταϲ εϲχα-
]αϲ οτι ετελεϲθη εν αυταιϲ ο θυμοϲ
]υ̣ θ̅υ̅ και ειδον ωϲ θαλαϲϲαν ϋελινην 15.2
]μιγμενην πυρι και τουϲ νεικων
] . ϲ εκ του θηριου και τηϲ εικονοϲ
] . . αι εκ του αριθμου του ονομα-
]υ εϲτωταϲ επι την θαλαϲ-

20 Although the first visible letter on this line is apparently a tau, a pi is expected.

. . . .

]υτου̣ ε̣[. .]ωτας ε̣ . [15.2
]ελινην εχοντας κιθαρα . . [. . .]υ̣
] α̣δωσιν την ωδην μω`υ´σεως του δο̣υ- 15.3
λου του θ̅υ̅ και την ωδην του αρνιου λε-
γοντες μεγαλα και θαυμαστα τα εργα σου
κ̅ε̅ ο θ̅ς̅ ο παντοκρατωρ δικαιαι και αλ̣η-
θειναι αι οδοι σου ο βασιλευς των αιωνων
τις σε ου μη φοβηθη κ̅ε̅ και δοξισει το ονο- 15.4
μα σου οτι μονος ει οτι παντα τα εθνη η-
ξουσιν και προσκυνησουσιν ενωπιον
σου οτι τα δικαιωματα σου εφανερωθη
και μετα ταυτα ειδον και ηνοιγη ο ναος 15.5
της σκηνης του μαρτυριου εν τω ουρανω
και εξηλθον οι ζ̅ αγ'γελοι εχοντες τας ζ̅ 15.6
πληγας εκ του ναου ενδεδυμενοι λι-
νουν καθαρον λαμπρον και περιεσζω-
μενοι περι τα στηθη ζωνας χρυσας̣
και εκ των δ̅ εδωκαν τοις ζ̅ αγ'γελοι[15.7
ζ̅ φιαλας χρυσας γεμουσας του θυμ[
του θ̅υ̅ του ζωντος εις τους αιωνας . [
αιωνων και εγεμισθη ο ναος εκ το̣υ̣ [15.8
πνου εκ της δοξης του θ̅υ̅ και ε[. .] . [
δυναμεως αυτου και ουδε̣[
νατο εισελθειν εις τον ναο[
τελεσθωσιν αι ζ̅ πληγαι̣ [
αγ'γελων και ηκουσα [16.1

. . . .

].[. . .].[.].[.]μ̣ου τ[. . .]υ κ.[16.1–2
πρωτοϲ και εξεχεην την φι̣..[
του ειϲ την γην και εγενετο ελ̣[
νηρον και κακον επι τουϲ ανθρωπ̣ο̣υ̣[
τουϲ εχονταϲ το χαραγμα του θηριου και
τουϲ προϲκυνουνταϲ τη εικ⟦ν⟧ονι αυτου
και ο β̅ ε⟦χ⟧ξεχεεν την φιαλην αυτου ειϲ 16.3
την θαλαϲϲαν και εγενετο αιμα ωϲ
νεκρου και παϲα ψυχη ζωϲα απεθα-
νον εν τη θαλαϲϲη και ο γ̅ ε⟦χ⟧ξεχεεν την 16.4
φιαλην αυτου επι τουϲ ποταμουϲ και
επι ταϲ πηγαϲ των υδατων και ε-
γενοντο αιμα και ηκουϲα του αγ᾽γελου 16.5
των υδατων λεγοντοϲ δικαιοϲ ει ο ων
και οϲ ην και οϲιοϲ οτι ταυτα εκριναϲ
ο̣τι αιμα αγιων και προφητων εξε- 16.6
χεαν και αιμα αυτοιϲ εδωκαϲ πι-
]ιν αξιοι ειϲι̣ν και ηκουϲα του θυϲια- 16.7
].ηριου λεγοντοϲ ναι κ̅ε̅ ο θ̅ϲ̅ ο παν-
]οκρατωρ αληθιναι και δικαιαι̣
] κριϲιϲ ϲου και ο δ̅ ε⟦χ⟧ξεχεεν την 16.8
.ι̣αλην αυτου επι τον ηλιον και
]..[..].. καυματιϲαι τουϲ ανθρωπουϲ
]. [.].ρ̣ι̣ και εκαυματιϲθηϲ̣αν οι 16.9
]π̣οι καυμα μεγα και εβλα-

6 The omicron of εικονι is superimposed over a nu.

7 The xi of εξεχεεν is superimposed over a chi.

10 The xi of εξεχεεν is superimposed over a chi.

21 The xi of εξεχεεν is superimposed over a chi.

23 Although εδοθη is expected at the beginning of the line, the number and shape of letters do not appear to correspond to it.

. . . .

]χ̣εεν .[. .] φ̣.α.[. .] α̣.[16.10
]ν̣ του θηριου και εγενετο η β̣α[
]ι̣α̣ αυτου εϲκωτωμενην και αιμα-
ϲωντο ταϲ γλωϲϲαϲ αυτων εκ του πο-
νου και εβλαϲφημ⟦ηϲα⟧`ου´ν τον θ̅ν̅ του ου- 16.11
ρανου εκ των πονων αυτων και εκ τω̅
ελκων αυτων και ου μετενοηϲαν ε-
κ των εργων αυτων και ο ϲ̅ εξεχεε̣ν 16.12
την φιαλην αυτου επι τον ποταμο̣ν
τον μεγαν τον ευφρατην και εξηρανθη
το ϋδωρ αυτου ϊνα ετοιμαϲθη η οδοϲ
των βαϲιλεων των απο ανατοληϲ ηλι-
ου και ειδον εκ του ϲτοματοϲ του δρακον- 16.13
τοϲ και εκ του ϲτοματοϲ του θηριου και
εκ του ϲτοματοϲ του ψευδοπροφητου
π̅ν̅α̅ τρια ακαθαρτα ωϲει βατραχουϲ ει- 16.14
ϲιν γαρ π̅ν̅α̅ δαιμονιων ποιουντα ϲημει-
α εκπορευεϲθαι επι τουϲ βαϲιλειϲ τηϲ
οικουμενηϲ οληϲ ϲυναγαγειν αυ⟦τ̣⟧
τουϲ ειϲ πολεμον τηϲ μεγαληϲ ημ[
ραϲ του θ̅υ̅ του παντοκρατοροϲ `ε´ϊ̣δ[16.15
ερχομαι ωϲ κλεπτηϲ μακαριοϲ ο̣
γρηγορων και τηρων τα ϊματι[
του ϊνα μη γυμνοϲ περιπατ̣[
βλεπουϲιν την αϲχημοϲυνη̣[

3 The scribe spelled εμαϲωντο as αιμαϲωντο in conformity with a common itacism.

21 The epsilon was written twice, both above the line, with the second overlapping with the first and intended to replace it.

. . . .

]. . [. .]. φ̣[. . .]. ν̣ α̣[16.17
]. ρ̣α και εξηλθεν φωνη με. [
ναου απο του θρονου λεγουσα̣ [
και εγενοντο αστραπαι και βρονται κα̣ι̣ 16.18
φωναι ⟦c⟧και σειcμος εγενετο μεγας οι-
οc ουκ εγενετο αφ ου ανθρωπος εγε-
νοντο επι της γης τηλικουτος σει-
cμος ουτως μεγας και εγενετο η πο- 16.19
λις η μεγαλη εις τρια μερη και αι πο-
λις αι των εθνων επεσαν και βαβυ-
⟦ρ⟧λων η μεγαλη εμνηcθη ενωπιον
του θ̅υ̅ δουναι αυτη το ποτηριον του οι-
νου του θυμου της οργης αυτου και 16.20
πασα νησος εφυγεν και ορη ουχ ευρε-
θη και χαλαζα μεγαλη ως ταλαντιαια 16.21
καταβαινει εκ του ουρανου επι τους
ανθρωπους και εβλασφημησαν οι αν-
θρωποι τον θ̅ν̅ εκ της πληγης της χα-
]αζης οτι μεγαλη εστιν η πληγη αυ-
φης σφοδρα και ηλθεν εις εκ των ζ̅ 17.1
]γ'γελων των εχοντων τας ζ̅ φιαλας
]ι̣ ελ̣αλησεν μετ εμου λεγων δευρο
]. σοι το κριμα της πορνης της
]. λης τ̣ης καθημενης επι υδα̣-
]λων μεθ ης επορ[17.2

5 The kappa of και is superimposed over a sigma.

11 The lambda of λων is superimposed over a rho.

20 The scribe wrote a phi here where a tau belongs; it is his habit to write dittographically by copying a letter that comes a few letters later in the text; the next word is σφοδρα.